BALLADES D'AUJOURD'HUI

DU MÊME AUTEUR :

Sonnets fantastiques (autoédition, 2008)
Ballades des métiers (autoédition, 2009)
Sonnets pour le vingtième siècle (autoédition, 2010)
Sonnets anglais (autoédition, 2010)
Ballades botaniques (autoédition, 2011)
Sonnets pour deux générations (autoédition, 2011)
Rondeaux et rondels (autoédition, 2012)
Poèmes anciens (autoédition, 2012)
Haïkus et tankas (autoédition, 2012)
Ballades des quatre saisons (autoédition, 2013)
Chansons enfantines (autoédition, 2013)
Poèmes à chanter (autoédition, 2013)
Sonnets des six continents (autoédition, 2013)
Ballades satiriques (autoédition, 2014)
Poèmes à chanter II (autoédition, 2014)
Sonnets de l'Histoire de France (autoédition, 2015)
Poèmes coréens (autoédition, 2015)
Sextines de tous temps (autoédition, 2015)
Pantouns de France et d'ailleurs (autoédition, 2015)
Chants royaux d'hier et d'aujourd'hui (autoédition, 2015)
Sonnets pour une Provence mystérieuse (autoédition, 2015
Sonnets pour un Paris mystérieux (autoédition, 2016)
Sonnets pour la ville d'Orange (autoédition, 2016)
Poèmes du monde entier autoédition, 2016)
Sonnets en assonance (autoédition, 2017)
Sonnets pour les provinces de France (autoédition, 2017)
Poèmes à chanter III (autoédition, 2017)
Poèmes à tout vent (autoédition, 2017)
Poèmes du monde entier, autoédition, 2018)
Poèmes pour célébrer les fêtes (autoédition, 2018)
Poèmes à chanter IV (autoédition, 2018)

Michel MIAILLE

BALLADES D'AUJOURD'HUI

Michel MIAILLE, éditeur

©Michel Miaille, éditeur, 2019
<u>michel.miaille@orange.fr</u>
N°ISBN : 979-10-91164-66-5
« Le code de la propriété intellectuelle interdit les copies ou reproductions destinées à une utilisation collective. Toute représentation ou reproduction intégrale ou partielle faite par quelque procédé que ce soit, sans le consentement de l'auteur ou de ses ayant cause, est illicite et constitue une contrefaçon, aux termes des articles L.335-2 et suivants du code de la propriété intellectuelle. »

À tous ceux qui aiment se promener dans notre monde
Pour l'observer, le découvrir dans quelques-uns de ses secrets
Ces quelques ballades comme autrefois
...

AVANT-PROPOS

Après avoir abordé divers thèmes dans cette forme peu ordinaire et un peu oubliée de nos jours qu'est la ballade, je tente aujourd'hui de récidiver au travers de quelques images cueillies çà et là dans la vie qui court, quelquefois drôles mais pas toujours.

Je vous propose ainsi, cinquante nouveaux écrits à la façon du Moyen Âge et de la Renaissance pour tenter de vous parler de notre temps et de ce monde qui ne tourne pas forcément toujours très rond.

Vous y trouverez, entre autres, des gens qu'on côtoie parfois ou souvent, des réflexions personnelles, quelques petits tableaux, ordinaires ou imprévus. Peut-être certains vous rappelleront-ils des souvenirs, de bons ou moins bons moments.

Quoi qu'il en soit, puissent ces quelques poèmes vous amuser, vous distraire un instant, en un mot, vous donnez quelques minutes furtives de bonheur.

Alors, bon courage et bonne balade à travers les mots, les phrases et la poésie ; le monde, enfin une toute petite partie, vous y attend. Enfin, si certains le souhaitent, ils pourront, eux aussi, se lancer dans l'écriture de ballades pour ressusciter tous ensemble une forme ancienne. De belles surprises s'y cachent dedans et nous attendent.

Michel Miaille

BALLADE AVANT LA FIN DU MONDE

Voici des mois que l'homme dégénère
En bousculant ses anciennes valeurs.
Notre terre a des accès de colère
Dans des éclats aux sinistres couleurs,
Dans la nature et ses êtres râleurs.
Voyez sortir les cris de ces humains,
Quand on revoit le glaive dans leurs mains
Avec ce mal qui soudain les inonde.
Pourtant, malgré d'incertains lendemains,
Chantons la vie avant la fin du monde.

De nouveaux dieux que la foule vénère
Montrent soudain tous leurs lots de malheurs.
Même l'enfer se fait le partenaire
De ces fureurs, ces maux et ces douleurs,
Pour le plaisir de nombreux prédateurs.
Qu'ils soient pareils aux monstres surhumains,
Guerriers brutaux ou barbares germains,
Leurs armes font comme une ignoble ronde.
Malgré tout, nous, les vieux, les benjamins,
Chantons la vie avant la fin du monde.

L'humanité frémit face au tonnerre
Que nous refont d'éternels querelleurs.
Le mal soutient un nouveau millénaire,
Hurlant sa haine au fil des haut-parleurs.
Il semblerait que chantent nos rancœurs.

De vieux démons, cachés sur les chemins,
Nous refont voir de noirs surlendemains.
Fi de la peur sur notre mappemonde,
Hommes puissants, femmes ou bien gamins,
Chantons la vie avant la fin du monde.

Princes, avec la force des Romains,
Sur vos écrans ou sur des parchemins,
Avant que tout se délie et se fonde,
Portez ces mots comme des examens :
Chantons la vie avant la fin du monde.

BALLADE DE CEUX QUI FONT LE PONT

Ils en rêvaient depuis tant de semaines
À ces trois jours d'un congé convoité,
À ces bonheurs dans de nombreux domaines,
Loin du soleil et des mois de l'été.
Vive les cieux de notre oisiveté,
Quand revoila le temps des ritournelles
Et des refrains, des heures éternelles.
Faisons le pont, le cœur tout exalté.

Les chemins ont leurs lots d'énergumènes,
Toujours fins prêts pour le coin réputé
Et puis voici les routes inhumaines,
L'allure folle et son absurdité.
Il ne faut pas avoir l'air emprunté
Tandis qu'on voit mille choses nouvelles,
En redisant ces choses informelles :
Faisons le pont, le cœur tout exalté.

Voici venir tant de foules humaines,
Sur leurs engins roulant tout à côté.
Voyez filer ces nouveaux phénomènes
Tels des oiseaux pleins de légèreté.
Ils seront là, le corps tout envoûté
Dès leur retour aux choses usuelles
En rechantant de leurs voix solennelles :
Faisons le pont, le cœur tout exalté.

BALLADE DE LA DOUCE AUTOMOBILE

Les moteurs hurlent leur rengaine
En faisant résonner leur voix
Tout au long de chaque semaine,
Défiant chaleur et grands froids
Et l'on entend même parfois
Une machine qui jubile.
Comme elle, les sens en émois,
Fêtons la douce automobile.

Certains engins sont à la peine,
En proie à mille désarrois.
D'autres se prennent pour la reine,
Trônant au milieu des convois.
D'autres se croient de premier choix,
Avançant de façon habile.
Admirons-les d'un air narquois,
Fêtons la douce automobile.

Quelques chauffeurs ont la migraine
Et d'autres exultent quelquefois.
On voit aussi bien des sans-gêne
Qui se prennent pour de vrais rois.
Les uns avancent aux abois,
D'autres ne se font pas de bile.
En bon français, en vrai patois,
Fêtons la douce automobile.

Princes, l'âme et le cœur courtois,
Le corps rarement immobile,
Chantons-la dessus tous les toits,
Fêtons la douce automobile.

BALLADE DE LA FÊTE FORAINE

La nuit est là lorsque finit le soir.
On aperçoit des tas de personnages.
Il fait très beau et, si le ciel est noir,
On voit aussi de brillantes images,
Des cris d'ivresse et de nombreux tapages,
Ceux de forains aux noms évocateurs,
Leurs jeux divers et tous les visiteurs
Car, pour chacun, la fête est souveraine.
Les gens d'ici sont devenus acteurs.
Amusez-vous à la fête foraine.

Arrêtez-vous et venez vite voir
La femme à barbe et tant d'autres visages ;
Le tourbillon vous dit : bien le bonsoir
En refaisant ses tours, ses bonds sauvages.
Voyez tourner plus loin les enfants sages.
De beaux parleurs, d'habiles narrateurs,
Des charlatans, de vrais bonimenteurs,
Heurtent la nuit et la paix riveraine
Mais rions tous de tant de mots menteurs,
Amusez-vous à la fête foraine.

Chaque barraque envoie un peu d'espoir
À tout ce monde et ses remue-ménages ;
Le stand de tir, sans fin, vous fait savoir
Qu'il vous attend, cibleurs de tous les âges.
Au bout du cours, voici que d'autres pages
Offrent des jeux aux espoirs prometteurs

Et, sans arrêt, d'autres solliciteurs
Viennent nourrir une ardeur suzeraine.
Vous les passants, tels d'ardents visiteurs,
Amusez-vous à la fête foraine.

Princes blasés aux yeux admirateurs,
Voyez ce temps pour tous qui rassérène.
Arrêtez-vous un peu dans ces secteurs,
Amusez-vous à la fête foraine.

BALLADE DE LA GRANDE SURFACE

On est mieux que dans une foire
Avec ses nombreux passagers
Et l'on a presque peine à croire
Qu'on peut acheter tant d'objets.
Tous ces appareils ménagers,
Tous ces produits qui nous font face,
Nous semblent un peu infligés,
Visitez la grande surface.

Chaque rayon a son histoire
Dans ses endroits emménagés.
L'indispensable et l'accessoire
Ont parfois des airs surchargés.
Tous se veulent les messagers
De notre époque quoiqu'on fasse.
Vous, visiteurs et usagers,
Visitez la grande surface.

Voici les fruits au gout notoire
Et les légumes mélangés
Mais aussi la chose illusoire
Et ses bienfaits plus que légers.
Les gens d'ici, les étrangers,
Font leurs emplettes face-à-face.
Pour vos achats envisagés,
Visitez la grande surface.

Princes, laissez vos préjugés,
Ceux que le temps qui court efface.
Pour que vos coffres soient chargés,
Visitez la grande surface.

BALLADE DE LA RÉVOLUTION

Chacun ressort cet éternel cahier
Pour y graver tant de phrases fébriles
Afin d'écrire, afin de témoigner
L'état des lieux, des campagnes, des villes.
Les mots ne sont pas toujours très dociles.
Les cris d'enfer s'en viennent à foison,
Sortis tout droit de la simple maison
Et l'on entend toutes ces voix rebelles
Bien à rebours des fades ritournelles.
Elle s'en vient la contestation,
Avec ses feux, ses façons informelles.
La revoici, la révolution.

Avec son air très souvent émeutier
Et ses discours aux aspects volubiles,
Elle a gagné tout un pays entier,
Son cœur profond, même toutes ses îles.
Si ses appels sont parfois malhabiles,
Elle sait bien retrouver la raison,
Faisant frémir les cœurs à l'unisson.
Elle établit souvent des passerelles
Bien au-delà des nombreuses chapelles.
Voici que nait une autre mission.
En déployant ses étonnantes ailes.
La revoici, la révolution.

On liste tout, du cas particulier
À ces sujets qu'on dit parfois futiles,
Dans le rond-point ou dessus le clavier,
Tout en stoppant quelques automobiles.
Tous les espoirs se font parfois fébriles

Et l'on commence à humer l'horizon,
Tout un printemps avec sa floraison.
Les palais neufs, même les citadelles,
Craignent partout ses fureurs ponctuelles.
La voilà comme une tradition,
Cette autre dame avec ses nombreux zèles.
La revoici, la révolution.

Princes heureux, écoutez l'oraison
Pour d'autres jours et leur déclinaison.
Vous connaissez ces combats, ces querelles,
Ces passions pouvant être cruelles.
Méfiez-vous, faites attention.
Les viles peurs demeurent éternelles.
La revoici, la révolution.

BALLADE DE LA SAINT-VALENTIN

L'amour est de très bonne humeur
Et nous fait voir tous ses mystères,
Oubliant ce jour la rumeur
Du mal qui court dessus les terres.
Au diable tous les mois austères
Et le coup de cœur incertain.
Cupidon fait ses inventaires,
Le jour de la Saint-Valentin.

La vie a son côté charmeur
Et berce tous les caractères
Quand le bleu couvre la clameur
Des malheureux, des solitaires.
Les humains sont tous volontaires
Pour de doux moments en satin.
Les baisers sont prioritaires,
Le jour de la Saint-Valentin.

Le fleuriste, le parfumeur,
Seront aujourd'hui signataires
Pour nous offrir cette primeur
Du bonheur et de ses critères.
Accourez, les retardataires.
Voici le nouveau bulletin
De tous les sexes unitaires,
Le jour de la Saint-Valentin.

Princes, rarement solitaires,
Voyer briller ce doux matin.
Un feu inonde les artères,
Le jour de la Saint-Valentin.

BALLADE DE LA SAISON FOLLE

Le printemps semble bien morose
Et décembre lui fait la cour.
Pas trace de la moindre rose
Ni de douces fleurs tout autour.
La grisaille et l'eau font l'amour.
Aucune bête batifole
Mais se terre dans le faux-jour
Quand une saison devient folle.

En cet hiver, le laurier-rose
S'apprête à nous dire bonjour
Tandis qu'un doux soleil arrose
Animaux et gens tour à tour.
L'été bleu semble de retour.
Chaque humain sur terre raffole
D'un beau temps dans un joli jour
Quand une saison devient folle.

Chaque mois fait sa propre prose
Et son chant comme un troubadour.
On dirait que tout se sclérose
À contretemps, à contre-jour.
L'année a changé son contour
Et chaque semaine s'affole.
On voudrait faire demi-tour
Quand une saison devient folle.

BALLADE DE LA VIE ESTIVALE

Nous avions fui les jours de la rentrée,
Nous régalant des plaisirs estivaux,
Riant de tout dedans cette contrée,
Vivant avec arbres et animaux.
Ils étaient loin la ville et tous ses maux.
On regardait les champs et les moissons,
Les gens d'ici, leurs étranges façons,
Tout en perdant notre pauvre teint pâle.
On jacassait pareils à des pinsons,
C'était le temps de la vie estivale.

Le ciel tout bleu refaisait son entrée,
Nous apportant ses rayons optimaux.
Une saison était idolâtrée.
Le soleil clair déployait ses faisceaux.
On aimait l'eau, ses superbes vaisseaux,
Les jeux tout fous, la pêche et les poissons,
Jeunes ou vieux, filles ou bien garçons,
Quand tout à coup la nature s'étale.
De-ci delà, s'entendaient des chansons,
C'était le temps de la vie estivale.

Cette froideur qui s'était illustrée
Pendant les nuits et les mois hivernaux
Laissait la place à la douceur feutrée
Des jours brillant aux accents maximaux.
Certains goutaient les plaisirs matinaux,
D'autres le soir et ses jeux polissons
Avec l'alcool, d'enivrantes boissons,

Quand l'existence est un peu moins banale.
C'était la vie avec ses meilleurs sons,
C'était le temps de la vie estivale.

Princes, donneurs de conseils, de leçons,
Voyez ces mois et leurs plus beaux tronçons.
L'hiver viendra semer ses nouveaux râles.
Vous redirez alors, dans vos chaussons,
C'était le temps de la vie estivale.

BALLADE DE LA VILLE ARTIFICIELLE

On voit briller l'éclatante lumière
Avec ses spots aux diverses lueurs ;
Chacune chante et se veut la première.
La nuit est là prodiguant ses splendeurs,
Tout son mystère et toutes ses rancœurs.
Pourtant voyez des mystères divers.
Ici, pareil, se cachent des revers.
Admirez donc, l'âme superficielle,
Dans ses printemps ou ses rudes hivers,
Prenez garde à la ville artificielle.

Loin du village et de l'humble chaumière,
Des lourds engins et des puissants tracteurs,
On peut songer à la rose trémière
Tout en rêvant à des cieux enjôleurs
Mais, dans les parcs aux splendides couleurs,
On aperçoit quelques êtres pervers,
De gens de nuit trimbalant leurs travers.
Leur existence est loin d'être officielle,
Dissimulée au cœur des arbres verts,
Prenez garde à la ville artificielle.

Des paradis, l'allure coutumière,
Vous font venir bavards et séducteurs.
Le faux-semblant se prend pour l'infirmière,
Soignant les cœurs et leurs mille douleurs.
Les esseulés et puis les maraudeurs
Viennent mouvoir des maux toujours rouverts.

Même Satan vient mettre ses couverts,
Les pieds fourchus, l'allure démentielle,
Cherchant sans fin le noir de l'univers,
Prenez garde à la ville artificielle.

BALLADE DE L'AVENIR À MÉDITER

Les mois semblent bien incertains
Au-dessus de notre planète
Et l'on voit d'étranges matins
À la tonalité peu nette.
Quel est le futur qui nous guette
Et que saurons-nous inventer ?
Demain sera-t-il jour de fête ?
L'avenir reste à méditer.

Les horizons sont très lointains
Et nous font un vrai casse-tête
Sans grands projets vraiment certains
Pouvant servir de pense-bête.
On dirait qu'un monde s'apprête
À tout nous faire regretter,
Le ciel bleu, toute sa palette,
L'avenir reste à méditer.

Tant de soleils se sont éteints
Dans une époque où tout s'achète
Et bien des rois sont les pantins
Du temps qui court à l'aveuglette.
La terre est vraiment tristounette
Dans un cruel prêt-à-porter.
Pour une plus belle gazette,
L'avenir reste à méditer.

Princes à l'humeur trop parfaite,
Voyez un temps se déliter.
Avec une nouvelle quête,
L'avenir reste à méditer.

BALLADE DE L'ÉTERNEL CHANGEMENT

On entend chanter d'autres sons
Et courir une autre musique
Quand le ciel a mille façons
Pour se refaire une tactique.
Le monde se veut éclectique
À chaque instant, chaque moment.
Quand tout est plus ou moins magique,
Voici l'éternel changement.

Le progrès fait d'âpres chansons
Dans son parcours souvent cynique
Et d'inquiétantes moissons
S'en viennent nous faire la nique.
Les jours nouveaux et la technique
S'envolent vers le firmament.
L'univers tout entier abdique,
Voici l'éternel changement.

On fait des rêves polissons
Avant que le temps se complique
Tandis qu'on nourrit des soupçons
Sur un futur, qui sait, tragique.
Le monde a son parcours cyclique,
Tour à tour dur ou performant.
Avec son ciel doux ou critique,
Voici l'éternel changement.

Princes au regard méthodique,
Ouvrez les yeux profondément.
S'infiltrant, l'allure ironique,
Voici l'éternel changement.

BALLADE DES LOINTAINS CHEMINS

Ils ont des airs de voyageurs,
Tous ces gens le cœur en partance,
Désireux de courir ailleurs,
L'âme et les sens en inconstance.
Qui sait, une autre vie intense
Viendra s'échouer dans leurs mains
Avec une étrange appétence.
Où mènent nos lointains chemins ?

Ils rêvent de nouveaux bonheurs
Ou de moments sans importance,
Loin des râleurs, des flagorneurs,
Tous ces rois de la décadence.
Ils croient qu'un jour tout recommence
Avec de nouveaux lendemains
Lorsque rechante une autre chance.
Où mènent nos lointains chemins ?

Pour fuir leurs maux ou bien leurs peurs,
Ils courent sur la terre immense
En s'inventant des mois meilleurs
Auquel chaque être humain repense.
Pour eux, sans blason, référence,
Les bonheurs sont tous inhumains
Et l'on se dit sans arrogance :
Où mènent nos lointains chemins ?

BALLADE DES APPAREILS NOUVEAUX

Ils sont venus comme des voyageurs
Pour conquérir notre vieille planète,
Sans tintamarre et sans bruits tapageurs,
En s'incrustant, en faisant place nette,
Tout à loisir sans tirer de sonnette ;
On peut les voir cachés dans la nature ;
Leur aspect net bien souvent nous rassure.
Leurs grands dessins, leurs immenses travaux,
Nous bâtiront une terre future,
Regardez-les, ces appareils nouveaux.

Ils ont parfois comme des cris rageurs
Mais, d'autres jours, la chanson tristounette
S'envole avec leurs côtés naufrageurs
Et leur travail pas toujours très honnête.
On les voit par le bout de la lorgnette,
Là-bas, au loin, dans la manufacture,
Avec leur corps d'étrange créature,
Dans les maisons, déployant leurs cerveaux,
De-ci de-là, de façon fort mature,
Regardez-les, ces appareils nouveaux.

Ils sont présents dans les endroits majeurs,
Dans une ville ou bien la maisonnette.
Vous les verrez, amis ou challengeurs,
Œuvrant avec le levier, la manette,
À l'aise dans le drame ou la saynète
Et, dans ces jours, leur venue inaugure,

Croyez-le bien, une grande cassure,
Un peu partout et à tous les niveaux.
Avec envie, avec désinvolture,
Regardez-les, ces appareils nouveaux.

Princes, goutez à la belle aventure,
Des objets sûrs qu'une époque inaugure.
Tout plein d'ardeur, parfois même rivaux,
Ils nous refont une belle culture,
Regardez-les, ces appareils nouveaux.

BALLADE DES CHANSONS D'ANTAN

Je passe beaucoup de mon temps
À rechercher la ritournelle,
Celle qui fait les cœurs contents
Par sa mélodie éternelle
Mais chaque radio martèle
Des sons à crever le tympan,
La rengaine sempiternelle,
Mais où sont les chansons d'antan.

Tous les jours sans fin je l'attends
Comme une belle demoiselle
Mais elle vient à contretemps
Comme une triste tourterelle.
J'aimerais qu'elle soit nouvelle,
Surgissant telle un ouragan.
Elle passe et se fait la belle,
Mais où sont les chansons d'antan.

Dans des jours plus guère exaltants,
Ses mots sont une bagatelle
Et ses refrains sont déroutants,
Sa musique peu naturelle.
Très rarement elle interpelle
Le simple passant, le forban,
Voguant très loin à tire d'aile,
Mais où sont les chansons d'antan.

Princes, à l'âme peu rebelle,
Sortez-les-nous de leur carcan
En leur faisant la courte échelle,
Mais où sont les chansons d'antan.

BALLADE DES CHANSONS INTERNATIONALES

Les appareils ont tous le même son,
Les notes sœurs semblent toutes pareilles ;
Chaque refrain a le même poinçon,
Cherchant à plaire à des milliers d'oreilles.
Écoutez-les, le soir ou le matin,
Les jours bénis ou le jour incertain,
Ces tons d'ailleurs, ces musiques banales,
Dans les chansons internationales.

Les radios vous refont la leçon
Et revoici tant de chants, de merveilles,
Que vient offrir un air anglo-saxon
En remplaçant les rengaines trop vieilles.
Le plaisir est, n'en doutez pas, certain.
Ici, c'est sûr, pas de long baratin.
On sait des voix pas très originales
Dans les chansons internationales.

Toute une époque exige sa rançon
Et l'on voudrait saisir des pince-oreilles
Pour faire fuir, ensemble à l'unisson,
Ces crissements avec des bruits d'abeilles.
L'homme commun y perdrait son latin
Lorsque le monde envoie un bulletin
Pour allumer d'étranges bacchanales,
Dans les chansons internationales.

BALLADE DES CHANSONS QU'ON FREDONNE

Il nous émeut très souvent ce refrain,
Ce souvenir des heures en allées,
Nous rappelant le bonheur, le chagrin,
Sous le soleil ou les nuits étoilées
Lorsque s'en vont des choses emmêlées.
On se souvient de cet air entrainant
Au temps du rock ou du slow endormant
Et malgré tout que le temps nous pardonne
S'il a couru dans chaque continent,
Écoutez-les, ces chansons qu'on fredonne.

Ça fait cent ans qu'ils nous donnent la main,
Ces mots, ces sons, pour âmes esseulées,
Quand il nous faut suivre notre chemin.
De l'un air joyeux aux belles envolées,
On les perçoit, au fond de nos vallées,
Dans le hameau, le village charmant.
On les ressort quand s'en vient un tourment,
Quand le bonheur, soudain, nous abandonne
Pour nous offrir son pire changement.
Écoutez-les, ces chansons qu'on fredonne.

Elles sont là bien avant notre fin,
Des jours bénis aux heures décalées
D'une existence au parcours incertain,
De la guinguette aux notes modulées
Jusqu'aux juke-box aux humeurs décalées.
Avec langueur ou bien le cœur content,

Juste un seul jour, quelquefois très souvent,
Ouvrons l'oreille et, bien mieux que personne,
Saisissons-les, dans la pluie ou le vent.
Écoutez-les, ces chansons qu'on fredonne.

Princes heureux, pour chasser un tourment,
Pour faire fuir chaque mauvais moment,
Voyez l'élan que la musique donne.
Pour vivre mieux, loin du bruit incessant,
Écoutez-les, ces chansons qu'on fredonne.

BALLADE DES CRAINTES ÉTERNELLES

Un homme a peur au début d'un matin
Avec des cris et des frissons intenses.
Très affolé, déjà presque certain
De voir le mal et toutes ses cadences.
Le monde est là dans ses défis immenses.
On la connait cette triste chanson
Avec ses peurs, avec sa bande-son.
Les revoici tout au fond des prunelles,
Brillant sans fin, exigeant leur rançon.
Entendez-les, les craintes éternelles.

Des animaux cherchent leur picotin,
Le nez au sol, défiant les distances,
Cherchant, c'est sûr, le savoureux festin
Mais pourtant rien ne vient gonfler leurs panses.
Les bons endroits sont partis en vacances
Alors ils vont, ensemble à l'unisson,
Chercher ailleurs un autre séneçon.
Quelques oiseaux quittent leurs citadelles
En se plaignant dans les bois, le buisson.
Entendez-les, les craintes éternelles.

La terre entière y perdra son latin
Dans un enfer face à tant de nuisances,
Quand l'avenir lance un ton incertain.
Le monde a pris de nouvelles outrances.
Les lendemains préparent des urgences
Et le ciel noir a des airs d'ultrason.

Les mois futurs éveillent le soupçon.
De nouveaux jours, des angoisses nouvelles
Les feront vivre avec un nouveau son.
Entendez-les, les craintes éternelles.

Princes joyeux au regard polisson,
Tout pétillant et gai comme un pinson,
Bien à l'abri dedans vos citadelles,
Loin de l'angoisse à la noire moisson,
Entendez-les, les craintes éternelles.

BALLADE DES ÉTERNELS JOUEURS

Les voici, portant dans leurs mains
La fiche au merveilleux grattage,
Pour de superbes lendemains
Avec de quoi tourner la page.
En effet, sous la belle image,
Se cachent de douces splendeurs.
Si l'on perd ce sera dommage,
Voyez les éternels joueurs.

Avec de surprenants chemins,
La fortune souvent s'engage
Et, sans grands efforts surhumains,
Offre à chacun une autre cage
Mais, le plus souvent, le mirage
Fait sourire les gens moqueurs.
Eux se fichent des mots du sage,
Voyez les éternels joueurs.

Des vieillards jusqu'aux benjamins,
La même humeur est en partage.
Qu'ils soient Gaulois ou bien Germains,
L'amusement est leur dopage.
Ici, tout le monde s'engage
À traquer les cartons vainqueurs.
Chacun veut gagner sans tapage,
Voyez les éternels joueurs.

Princes, figés dans votre ouvrage,
Pensez aux moments rassembleurs.
Même si la chance est volage,
Voyez les éternels joueurs.

BALLADE DES ÉTRANGES RÉCITS

Il va, il court, tout ce temps qui défile
En apportant des plaisirs, des chagrins,
Qu'avec candeur souvent il nous refile
Au fil des jours qui coulent dans nos mains.
On nous raconte, avec des airs malsains,
Le fait pendable ou la vilaine histoire
Et tout ce mal qu'on sait prémonitoire,
Tant de détails avec des mots précis,
Ce vil enfer qu'on sait pourtant notoire,
Écoutez-les, ces étranges récits.

Il paraitrait qu'on les découvre en file,
Tous les escrocs et autres aigrefins,
Lorsque le mal sans arrêt se faufile
Chez le bon peuple ou les grands souverains.
Détournements et vilains jeux de mains
Viennent fourbir leur triste trajectoire
Et les truands célèbrent leur victoire.
Les mauvais coups sont, hélas, réussis
Et le voleur a son échappatoire,
Écoutez-les, ces étranges récits.

Il semblerait qu'à nouveau se profile
Un temps maudit aux défis inhumains,
Qu'un autre siècle, hélas, sans arrêt file
Pour démolir nos malheureux destins.
La nouveauté nous fait des lendemains
Tous pareils à l'ancienne préhistoire.

Il n'est plus temps d'offrir un moratoire,
Nos jours futurs sont aussi en sursis.
Satan ausculte un nouvel auditoire,
Écoutez-les, ces étranges récits.

Princes blasés au cœur contradictoire,
Entendez-la, dans chaque territoire,
Cette chanson à l'air incantatoire,
Ce vil refrain qui nous fait des soucis.
Entendez-le comme un noir répertoire.
En espérant trouver le bon prétoire,
Écoutez-les, ces étranges récits.

BALLADE DES FAISEURS DE DISCOURS

Ils ont toujours la parole subtile
Et les grands mots qu'on entend tous les jours.
Leur beau langage en effet nous distille
La douce phrase aux étonnants contours.
Vous les verrez, rodant aux alentours,
Un peu partout par-dessus notre terre
Où leur chanson se montre sans mystère,
N'écoutez pas les faiseurs de discours.

Ils savent prendre un ton très mercantile
Pour réunir même les hommes sourds
Et leur refrain sans arrêt nous ventile
Une existence aux superbes contours.
Ils seront là sans faire de détours
Pour exciter même le plus austère.
Ils vous diront leur propre commentaire,
N'écoutez pas les faiseurs de discours.

Ils ont le charme et puis aussi le style
Pour vous mener dans leurs charmants parcours,
Sachant toujours trouver le mot utile,
Vous faisant voir sourires et atours.
Depuis longtemps, leur fourberie a cours.
Il serait vain d'en faire l'inventaire.
Déclassez-les dans un tri salutaire,
N'écoutez pas les faiseurs de discours.

BALLADE DES FRANÇAIS DANS LA RUE

Ça se passe de commentaires
Et c'est comme un refrain banal.
Tout se déroule sur nos terres
Pour nous remonter le moral
Avec parfois des airs de bal,
Même quand la foule se rue,
Au cœur d'un âpre festival.
Voyez les Français dans la rue.

Oubliés les discours austères
D'un régime qui nous fait mal.
Dans paris, ses grandes artères,
On refait un assaut final.
Formant comme un seul animal,
Une longue foule accourue
Prend comme un aspect triomphal.
Voyez les Français dans la rue.

On entend des mots volontaires
Dans un superbe carnaval
Tandis qu'au bord des ministères
On protège chaque local.
Parfois l'homme devient brutal
Et l'on se dit qu'est reparue
L'époque d'un temps infernal.
Voyez les Français dans la rue.

Princes rêvant d'un temps royal
Avec le serf et la charrue,
Debout sur votre piédestal,
Voyez les Français dans la rue.

BALLADE DES FRÈRES ENNEMIS

L'un veut des bouleversements
Avec un éternel saccage,
Noyé dedans ses errements,
Voulant toujours brusquer la page.
L'autre, au contraire, est plutôt sage,
L'âme et le cœur toujours soumis.
Chacun donne sa propre image,
Voyez les frères ennemis.

Pierre adore les changements
Quitte à focaliser sa rage
Avec des actes désarmants
Que son naturel encourage.
Jean étonne son entourage,
Tous ses voisins et ses amis,
Lui qui préfère le partage,
Voyez les frères ennemis.

Le premier a des airs gourmands,
Le gout des défis, de l'hommage,
Et le second lit des romans
En rêvant dedans son nuage
Pourtant une entente surnage
Entre désirs et compromis
Chez ces êtres en voisinage.
Voyez les frères ennemis.

Princes, lorgnez le décalage
Que la vie un jour a permis.
L'existence les dévisage,
Voyez les frères ennemis.

BALLADE DES GENS ABANDONNÉS

On les entend crier dans une rue,
Sur les trottoirs et les grands boulevards
Quand la colère éclate et puis se rue
Avec entrain et des airs furibards,
De tous côtés en suivant les hasards,
Loin du repos et de la flânerie,
Sous un ciel bleu, sous la saison pourrie.
Ils s'en vont, tous pareils à des damnés,
Livrant ainsi leurs cœurs à la furie.
Voyez sans fin ces gens abandonnés.

On la croyait aujourd'hui disparue,
La grande peur aux parcours furibards,
Se propageant, pareille à la verrue,
Parmi la foule allumant ses pétards.
Ces marcheurs lents et ces banlieusards.
Dans des convois pleins de cocasserie
Que tout un flux sans cesse ici charrie,
Ce sont les rois des combats acharnés,
Des nouveaux gueux déployant leur rouerie.
Voyez sans fin ces gens abandonnés.

Pourtant parfois, dans la masse accourue,
On reconnait quelques jeunes loubards,
Peu soucieux d'une peine encourue,
Rois du désordre et des noirs étendards.

La foule ici ne craint pas les regards
Et tous les mots d'une masse aguerrie.
Il s'agit bien d'une mutinerie
De révoltés, d'êtres déterminés.
Avec leurs peurs, leur âme endolorie,
Voyez sans fin ces gens abandonnés.

Princes, cachez vos airs de raillerie,
Vos tons moqueurs ou bien de flatterie,
En méprisant cette chouannerie.
Sortez plutôt des palais confinés.
Écoutez donc la longue plaidoirie
Qu'un temps nouveau dès à présent charrie,
Voyez sans fin ces gens abandonnés.

BALLADE DES GENS DANS LA RUE

C'est une étrange cavalcade,
Celle des passants mécontents,
Ceux qui pour la moindre algarade
Sont prêts à dépenser leur temps.
Ils sont là dans tous les instants
Dès lors qu'une foule se rue ;
Ça dure depuis bien longtemps,
Voyez tous ces gens dans la rue.

Quelquefois la moindre empoignade
Donne des éclairs éclatants ;
La plus petite bousculade
Devient un fâcheux contretemps.
Des mouvements inquiétants
Viennent former une verrue.
Dès que s'en revient le printemps,
Voyez tous ces gens dans la rue.

Les écriteaux sont en balade
Avec leurs grands mots éclatants.
Les slogans jouent leur sérénade.
Les cris se veulent excitants
Et jouent leur musique à plein temps.
Regardez la foule accourue,
Voyez tous ces gens dans la rue.

Princes aux cœurs toujours partants
Et la mine parfois bourrue,
Écoutez tous ces mécontents,
Voyez tous ces gens dans la rue.

BALLADE DES HOMMES DANS L'ESPACE

Les engins sont prêts pour la fête,
Loin vers d'impossibles endroits.
Des hommes que rien n'arrête
Ont fait un fantastique choix.
Pas de chemins, pas de convois,
Pas de longs sentiers où l'on passe,
Où l'on s'égare quelquefois,
Des hommes s'en vont dans l'espace.

L'humanité lève la tête,
Défiant la vie et ses lois.
Soudain, la voilà qui s'apprête,
Après des calculs très adroits,
À voyager pendant des mois
Comme un nouvel oiseau rapace.
Sûrs de vaincre leurs désarrois,
Des hommes s'en vont dans l'espace.

À présent une autre conquête
Vient s'offrir à de nouveaux rois.
L'entreprise semble parfaite,
Tout est prévu pour ces envois.
Si des savants sont aux abois,
Tout le monde ici se surpasse.
Les spectateurs restent sans voix,
Des hommes s'en vont dans l'espace.

Princes, nous voici tous pantois,
Voici que le rêve dépasse
Tant de peurs et de désarrois,
Des hommes s'en vont dans l'espace.

BALLADE DES JOYEUX CONCERTS

L'orchestre sort ses instruments
En ce dimanche qui commence
Pour nous faire de doux moments
Quand le bonheur soudain s'élance.
Aujourd'hui, savourez la chance
Avec tous ces plaisirs offerts,
Voyez ces lieux d'exubérance,
Écoutez les joyeux concerts.

Les autos font des bruits charmants,
Les moteurs chantent la romance
Tout au fil de leurs errements
Et de la file qui s'avance.
Certains roulent avec prudence,
Des klaxons ont des sons divers.
Tout un univers se condense,
Écoutez les joyeux concerts.

Des slogans aux tons alarmants
Se déploient avec abondance
Et l'on écrirait des romans
Sur tous ces cortèges en France.
Chacun a sa propre importance
À travers tous ses maux divers
Mais honni soit qui mal y pense,
Écoutez les joyeux concerts.

Princes avides de décence,
Rejetez vos discours amers,
Profitez de ce bruit intense,
Écoutez les joyeux concerts.

BALLADE DES MÉDICAMENTS

Vos maux sont déjà de retour
Avec leurs éternelles pages,
Toujours prêts à jouer un tour
Même aux personnes les plus sages.
Les voici fiers tels des rois mages,
Vous amenant tous leurs tourments.
Pour vaincre les futurs naufrages,
Prenez bien vos médicaments.

La maladie essaime autour
Des êtres humains de tous âges
Et frappe sans aucun détour
Les grandes villes, les villages.
Alors, pour vaincre les naufrages
Et leurs vils appétits gourmands,
Pas besoin de lourds équipages,
Prenez bien vos médicaments.

La maladie est un vautour
Prête à vous mettre dans ses cages.
Pour qu'elle fasse demi-tour,
Il faudra surmonter ses rages.
Face à tous ses assauts sauvages,
Ses nombreux effets déprimants,
Et pour éviter les dommages,
Prenez bien vos médicaments.

Princes, sous forme de breuvages,
Ou de remèdes performants,
Faites comme dans les images,
Prenez bien vos médicaments.

BALLADE DES MISSILES SANS NOM

Ils filent loin en parcourant le ciel,
En surplombant les mers et puis les terres,
Dans un parcours très artificiel,
Peuplé d'engins, leurs éternels compères,
Leurs ennemis mais quelquefois leurs frères.
Leurs courses sont trop souvent définies,
Créant parfois d'étranges harmonies.
Un œil nouveau se transforme en démon,
Narguant le monde avec ses vilenies.
Observez-les, ces missiles sans nom.

Ils ont les airs de l'engin irréel,
S'engageant sur des trajets téméraires
Au cœur des cieux où vivent froid et gel,
En emportant les espoirs, les misères
De ces vivants aux désirs élitaires.
Souvent ils font d'étranges symphonies,
Peuplés parfois de folles avanies,
En nous jouant l'improbable chanson
Aux mots d'ailleurs, aux notes infinies.
Observez-les, ces missiles sans nom.

Ils ont les yeux du combat éternel
De l'être humain avec ses faux confrères
Dans cette lutte, immense carrousel,
Des ennemis ou de leurs partenaires,
Le plus souvent dans de nouvelles guerres.

Hélas, toujours leurs troupes désunies,
Leur vil orgueil et leurs mythomanies
Dans l'univers ont très souvent raison.
Comme le mal depuis des décennies,
Observez-les, ces missiles sans nom.

Princes, voyez ces mégalomanies
Vous défiant depuis chaque horizon,
Transportant de nouvelles zizanies.
Observez-les, ces missiles sans nom.

BALLADE DES NOMBREUSES NOUVELLES

La radio parle de bon matin
En discourant tout au fil de ses ondes,
Prenant le ton grave ou bien plaisantin
Pour nous offrir tant de phrase fécondes.
À chaque instant, à toutes les secondes,
Il pleut des mots filant en ribambelles,
Écoutez-les, ces nombreuses nouvelles.

Une télé refait son baratin
Avec ses cris, ses humeurs vagabondes,
L'air sérieux ou le ton cabotin,
Se faufilant à travers divers mondes.
Pleines de joie ou quelquefois immondes,
Portant l'espoir ou troublant les cervelles,
Écoutez-les, ces nombreuses nouvelles.

Puis internet nous offre son festin
À chaque image, à travers mille sondes,
Cet univers où l'on perd son latin,
Dans un voyage où courent tant de rondes.
Découvrez-les, ces images, ces frondes.
Dans un espace aux rumeurs éternelles,
Écoutez-les, ces nombreuses nouvelles.

BALLADE DES ROBOTS QUI COMMANDENT

Un grand progrès très vite s'accélère
Pour nous ravir misères et soucis
Dans l'univers loin du chemin scolaire,
Ce vieux parcours qui nous a tout appris,
Tous au repos, nos cerveaux affadis.
Voyons ainsi ces possibilités,
Ce champ fertile en bonheurs inventés.
Les lendemains sans arrêt nous demandent
De nous soumettre à tant de nouveautés,
Admirez-les, ces robots qui commandent.

Le temps perdu, l'éternelle galère,
Vont délivrer tous nos corps engourdis.
Sans le labeur, ce vilain froid polaire,
Nous trouverons un autre paradis.
Ils sont venus tels de nouveaux amis.
Depuis longtemps ils étaient souhaités
Par tant d'humains pétris de qualités.
Certains déjà sans fin en redemandent
Disant ainsi, face aux réalités :
Admirez-les, ces robots qui commandent.

Leurs bras, leurs mains, ont un vocabulaire
Qui vous surprend avec des mots jolis.
Plus de papier, plus aucun formulaire,
Eux savent tout avec leurs alibis.

Du grand soleil jusqu'aux fins fonds des nuits,
Ils vous refont des moments exaltés
En honorant tant de velléités,
Offrant tout ce que les hommes attendent.
Utilisons leurs possibilités :
Admirez-les, ces robots qui commandent.

Princes savants, veillant sur nos cités,
Avec une âme aux désirs frelatés,
Songez encore aux jours qui nous attendent,
Tous ces espoirs et ces félicités,
Admirez-les, ces robots qui commandent.

BALLADE DES VIEILLES MAISONS

Ça dure depuis bien longtemps,
La toiture qui se gondole,
Les murs mangés par les autans
Et qui demandent une obole.
Les ruines font la farandole,
Tentant de vaincre les saisons.
Tombant à une allure folle,
Regardez les vieilles maisons.

On en a vu des mécontents,
Quand le moindre enduit se décolle
Mais les travaux sont rebutants ;
Il faut bien plus que de la colle.
Voyez le toit qui dégringole
Par-dessus les noirs horizons.
Tout un vieux quartier se désole,
Regardez les vieilles maisons.

Les élus sont à contretemps
Face à ce mal qui caracole
Tandis que des manifestants
S'excitent dans la mégapole.
Gare au bâtiment qui somnole,
Délabré par mille poisons.
À l'écart d'un monde frivole,
Regardez les vieilles maisons.

Princes dont la moindre parole
Fait naitre des comparaisons,
Voyez le dangereux symbole,
Regardez les vieilles maisons.

BALLADE DU BISTROT LE DIMANCHE

On y retrouve une autre clientèle,
Voisins d'ici, toujours les mêmes gens,
De vrais copains comme une parentèle,
Celle qu'on voit au fil de tous les ans.
Nous voici gais avec ces bons vivants ;
Le ciel est bleu dans ses couleurs de fête
Quand on revoit les traits de chaque tête.
Le parler fait des mots monumentaux,
Des cris joyeux, des délires totaux,
Quand chacun rit et s'en paye une tranche.
Comme un spectacle au-dessus des tréteaux,
Voyez chanter le bistrot le dimanche.

Voici l'ancien, méritant une stèle
Le rigolo, le farceur, les marrants,
Quand ce jour-là tout un chacun s'attèle
À parler fort tout en prenant son temps.
Vive la vie et tous ses bons moments.
Un grincheux, seul, dans un recoin rouspète.
L'humanité nous offre sa palette
D'être chétifs, de grands et de costauds.
Même les fleurs, les quelques végétaux,
Font un bazar où le bonheur s'épanche
Dans le contact des discrets, des rustauds,
Voyez chanter le bistrot le dimanche.

Le zinc s'agite et le verre martèle
Tout ce comptoir depuis déjà longtemps.
Les méchants jours sont placés sous tutelle
Et l'on oublie aussi les mauvais vents.
Vive cette heure et ses humains contents.
Sentez grandir la joyeuse conquête
Des jours heureux que ce matin répète.
À bas la peur et les ennuis mentaux.
Comme un présent aux longs besoins vitaux,
Dégustez-le, ce bon air qui se penche
Tel un curé aux airs sacerdotaux.
Voyez chanter le bistrot le dimanche.

Princes joyeux, admirez cette quête,
Ces braves gars et leur belle requête,
L'été tout nus ou l'hiver en manteaux
Se contentant des simples chapiteaux,
Venus ici dans une amitié franche.
Sans apparats, sans rutilants plateaux,
Voyez chanter le bistrot le dimanche.

BALLADE DU COURS DES SAISONS

Un soleil fou parcourt toutes les terres,
Broyant le sol sur un socle infernal.
À mort les fleurs, les superbes parterres.
L'été nous fait un horrible journal
Dans un enfer devenu machinal.
Voici venir tant d'ardeurs sataniques,
Nous amenant l'époque des paniques,
Faisant s'unir toutes les déraisons
Avec des bruits, des images cyniques,
Voyez changer le cours de nos saisons.

Les torrents d'eau sont comme des mystères,
En faisant fi du fil d'eau, du canal,
Des moindres lacs, des mers rudimentaires,
Par un effet pour le moins machinal.
On voit aussi l'endroit original
Noyé soudain sous des flots pathétiques
Et l'on se croit en plein sous les Tropiques,
Dessous des cieux distillant leurs poisons.
Le temps a pris des couleurs peu magiques,
Voyez changer le cours de nos saisons.

Les éléments aux dégâts planétaires
Se sont donné comme un bel arsenal
Pour démolir les plus belles artères
Une cité, le village banal.

Voici que vient un mal phénoménal
Qui se veut loin des heureux cours cycliques
Avec des mots, d'effroyables musiques.
Le monde humain paye ses trahisons
Avec des temps de plus en plus tragiques,
Voyez changer le cours de nos saisons.

BALLADE DU DÉFILÉ

La foule est sur le boulevard
Où chaque slogan se démène
En se préparant sans retard
Lorsque vient la fin de semaine.
Alors on se dit, l'air amène,
Le cœur ardent ou désolé,
Voici le nouveau phénomène,
Lorsque passe le défilé.

On entend rugir le pétard
Au milieu de la horde humaine
Tandis qu'un passant furibard
Est gêné quand il se promène.
Cette foule en effet malmène
Tout un monde bien installé
Et le vent nouveau se surmène
Lorsque passe le défilé.

Les gens se sont donnés rencard
Au bout du chemin qui les mène,
Le visage sous un foulard,
Pour conquérir leur grand domaine
Et l'habitude les ramène
Dans un assaut renouvelé.
On bénit la foi surhumaine,
Lorsque passe le défilé.

Princes, emplis d'ardeur romaine,
Voyez l'être bariolé.
L'ardeur des hommes est inhumaine
Lorsque passe le défilé.

BALLADE DU FACTEUR

On l'attendait depuis longtemps,
Notre messager qui s'active,
Lui qui s'en vient par tous les temps
Et court vers nous quoi qu'il arrive.
Pressé, l'allure fugitive,
Simple quidam, gentil acteur,
Allez voir ce qui le motive,
Voici qu'arrive le facteur.

Il s'en va chez les mécontents
Porter la triste directive,
Au bon moment, à contretemps,
Lorsque l'existence s'active.
Une lettre rébarbative
Ou le simple écrit détracteur
Viennent passer à l'offensive,
Voici qu'arrive le facteur.

Il a pris des airs déroutants
Pour apporter chaque missive,
Pour arriver toujours à temps
En se passant de rotative.
L'ordinateur soudain s'active,
Habile tel un prospecteur.
Goutez cette autre perspective,
Voici qu'arrive le facteur.

Princes, à la tête lascive,
Admirez le distributeur
Qui, jour après jour, récidive,
Voici qu'arrive le facteur.

BALLADE DU GLACIER QUI FOND

Dessus la montagne, un sommet
Sent venir bien des différences
Quand la nature le soumet
À de nouvelles apparences.
Les jours, à travers leurs errances,
Sentent un changement profond.
Au travers d'obscures puissances,
Observez le glacier qui fond.

L'homme lentement compromet
L'univers par ses manigances
Et l'enfer, tel un vrai gourmet,
Jouit de ses outrecuidances ;
D'autres désastres sont immenses
Et la terre touche le fond.
Victimes de tant d'imprudences,
Observez le glacier qui fond.

Un héritage se transmet
Bien au-delà des forêts denses
Avec un étrange fumet
Ayant l'odeur des imprudences.
Le froid, la neige et leurs silences
Meurent sous un triste plafond.
Parmi tant d'autres déchéances,
Observez le glacier qui fond.

Princes, sans souci des malchances,
Dans un monde qui se morfond
Et, parmi tant de maux intenses,
Observez le glacier qui fond.

BALLADE DU LANGAGE NOUVEAU

Les mots sont là, dans les ordinateurs
Sur les écrans et dans chaque tablette
Avec leurs yeux, leurs côtés novateurs,
Et nous refont une nouvelle fête,
Un terrain neuf qui sans cesse nous guette.
Les revoilà tels des dieux sur la terre,
Comme un signal, un drôle de repère,
Lorsque les mots viennent du caniveau
Alors, soudain, il s'en vient vous distraire.
Écoutez-le, ce langage nouveau.

Il faut flatter les nombreux amateurs,
Les réunir dans une autre requête
Par un langage aux signes percuteurs
Dans un progrès que plus rien n'arrête,
Dans ses fureurs et sa soif de conquête.
Notre orthographe a perdu son mystère
Et chaque phrase a son ton terre à terre.
Il faut surtout épargner le cerveau
En lui donnant le plus simple repère.
Écoutez-le, ce langage nouveau.

Fi des anciens, fi de ses détracteurs
Le monde change au fil de la planète
Les lois d'hier ont de vieilles senteurs
Et ne sont plus qu'un simple trouble-fête

Sans grands plaisirs, se mourant en cachette.
Demain verra s'effacer sans colère
Un temps d'avant, celui d'une ancienne ère,
Mais aujourd'hui, fier de son renouveau,
Voyez le mot qui souvent nous atterre,
Écoutez-le, ce langage nouveau.

BALLADE DU MOUCHARD CACHÉ

L'écran a de belles couleurs,
Nous offrant sa plus belle image,
De quoi réjouir tous les cœurs
Mais prenez garde au personnage :
Avec ses yeux et son jeune âge,
Son air rieur et très branché,
Un monstre est dedans une page,
Prenez garde au mouchard caché.

Des êtres aux mots enjôleurs
Rêvent de sortir de leur cage,
Présentant leurs lots de malheurs,
S'offrant au fou tout comme au sage.
Voici le nouveau cas de rage,
Le diable refait son marché.
Dans un tout nouveau paysage,
Prenez garde au mouchard caché.

Il guette vos moindres erreurs
Et se cache dans chaque étage.
Le voici roi des saboteurs
Et grand prince du filoutage.
Le grand maitre du racolage
Cherche le moindre débouché.
Attention à ce faux mirage,
Prenez garde au mouchard caché.

Princes, dans votre aéropage,
Un ennemi est recherché,
Un pervers à l'âme sauvage,
Prenez garde au mouchard caché.

BALLADE DU NOUVEAU JOUET

Il est là depuis quelques temps,
Brillant de toute sa parure,
M'amusant pendant fort longtemps,
Remarquable dans sa dorure.
Regardez sa fine carrure ;
C'est un copain très guilleret,
Quelqu'un de fort qui vous rassure,
Admirez mon nouveau jouet.

Je passe des jours excitants
Mais quelque chose me susurre
Qu'au beau pays des charlatans
L'engin est une valeur sûre.
Ma jeune tête me murmure
Qu'il devient un peu tristounet.
Bientôt finira l'aventure,
Admirez mon nouveau jouet.

Hélas, plus de jours envoutants.
Voilà qu'il part en confiture.
Je viens de trouver entretemps
Un petit chat dans la verdure
Et cette aimable créature
Rend mon plaisir tout désuet.
Je redécouvre la nature,
Admirez mon nouveau jouet.

Princes, loin de la démesure,
Voyez ce cadeau de gourmet,
Ce bonheur à la douce allure,
Admirez mon nouveau jouet.

BALLADE DU NUMÉRIQUE

Voici d'autres technologies
Qui se répandent à foison,
Des compétences élargies
Chaque jour plus que de raison.
Ici, par-delà l'horizon,
D'une façon fantasmatique,
Parfois même comme un poison,
Vive le temps du numérique.

Chaque jour porte ses magies
Dans sa nouvelle cargaison
En faisant fi des nostalgies,
Face aux têtes en pamoison.
Quel grand bonheur cette saison
Où le monde semble magique.
Tout le monde est en déraison,
Vive le temps du numérique.

À bas les vieilles effigies
Qui courraient dans chaque maison
Et foin des têtes assagies,
Témoins d'une arrière-saison.
Regardez la combinaison
Des machines où tout s'explique.
Quand la science est floraison,
Vive le temps du numérique.

Princes, voici la livraison
D'un univers supersonique.
Avec son superbe blason,
Vive le temps du numérique.

BALLADE DU PREMIER JOUR D'ÉCOLE

J'ai pris mon plus joli cartable
Que j'ai porté dessus mon dos,
Ce beau sac à l'air redoutable,
Semblable aux imposants fardeaux.
Juillet a tiré ses rideaux
Et septembre déjà rigole.
Pour les enfants et les ados,
C'est le tout premier jour d'école.

J'emmène mon dernier portable,
Offert parmi d'autres cadeaux,
Petit objet inévitable,
Dès que l'on quitte les landaus,
Pour les passants et les badauds.
Bientôt viendront les jours de colle.
Pour l'instant, dansons des rondeaux,
C'est le tout premier jour d'école.

Pour certains, l'instant est notable
Depuis les vieux temps féodaux,
Pour d'autres il est inconfortable
Un peu comme les vieux radeaux.
Soyons comme des pintadeaux
Et refaisons la farandole.
Pour les petits desperados,
C'est le tout premier jour d'école.

Princes, voyez ces hirondeaux
Avec leur avenir qui vole.
Vivement ce soir les dodos,
C'est le tout premier jour d'école.

BALLADE DU PROCÉDURIER

On sait qu'il est toujours partant
Pour la plus petite querelle
Et que son cœur devient content
Quand quelque litige l'appelle.
Voici qu'une affaire nouvelle
Est là pour notre aventurier
Qui déploie une joie réelle,
Admirez le procédurier.

Voilà notre fier combattant
Cherchant au fond d'une poubelle
Le joli conflit qui l'attend,
Au milieu d'autres pêle-mêle.
Alors il saisit à la pelle
Les problèmes comme un courtier.
Dans son ardeur universelle,
Admirez le procédurier.

Rien ne lui parait rebutant
Et chaque dossier lui révèle
Comme un plaisir de débutant
Alors lui, tout à coup, s'attèle
À démêler chaque ficelle
Avec des façons de limier
Qui sans cesse se renouvelle,
Admirez le procédurier.

Princes, voyez l'étrange zèle
Dont fait preuve notre guerrier.
Avant qu'il se fasse la belle,
Admirez le procédurier.

BALLADE DU SCANDALE QUI NAIT

Un homme dans son plus bel apparat
A laissé loin ses superbes manières
Et se transforme en un grossier vérat
En dévoilant des façons grimacières
Qui se cachaient sous de belles manières.
Voilà déjà que courent les nouvelles
Avec ces voix, hélas, sempiternelles.
Il s'en revient, car on le reconnait,
Comme un parfum de neiges éternelles,
Regardez-le, ce scandale qui nait.

Voici courir tout un conglomérat
De bien-pensants aux têtes financières,
Du vil escroc au joyeux scélérat
Recherchant tous les cachettes banquières,
De quoi planquer leurs ardeurs boutiquières.
Des lieux lointains leur tendent des échelles,
Du coin perdu jusqu'aux îles trop belles,
Celles que seul le peuple méconnait.
Alors, parmi ces étranges modèles,
Regardez-le, ce scandale qui nait.

Qui sait, un jour, leur tendre électorat
Se lassera de leurs fausses prières,
De tous leurs maux, leur faux protectorat,
Leurs intérêts se moquant des frontières
En arborant des allures altières.

Il viendra pour ternir ces citadelles
Où l'on peut voir de tristes clientèles
Dans l'univers que chacun méconnait.
Pour l'instant point de joyeuses nouvelles,
Regardez-le, ce scandale qui nait.

BALLADE DU TRAFIC EN VILLE

La cité sort ses railleries
Tout au long de chaque maison
Avec les mines ahuries
De ce qui heurte la raison.
Le vacarme est à l'horizon
Avec le moindre engin qui file.
Dégustez l'odeur du poison,
Voyez le doux trafic en ville.

L'enfer ressort ses batteries
Au cours de la simple saison
Dans l'univers des hystéries,
Des élans de la déraison.
Le bruit est sans comparaison
Et déverse toute sa bile
Pour son plaisir et à foison,
Voyez le doux trafic en ville.

Les motos et leurs confréries
Font une bruyante chanson.
Les voitures les plus pourries
Pourraient afficher leur blason.
Quelques fleurs, un rare gazon,
Ne voient qu'un monde qui défile
Et se répètent sans façon :
Voyez le doux trafic en ville.

Princes, goutez la livraison
D'engins divers qui se profile
Mais, comme dans une prison,
Voyez le doux trafic en ville.

BALLADE DU VIEUX MONUMENT

Il a connu le temps passé
Et traversé des décennies,
Triste, solitaire, effacé,
Dans mille douleurs infinies,
En regrettant les harmonies
Inscrites dans chaque élément
Et les anciennes litanies,
Admirez le vieux monument.

Les jours ont mis comme un fossé
Ou des barrières infinies
Effaçant souvent son tracé
Et ses murailles dégarnies.
S'il fut l'objet de calomnies
Au cours d'un sinistre moment,
Il a vécu des avanies,
Admirez le vieux monument.

Il est à présent affaissé,
Brisé par mille félonies,
Avec son vieux corps rapiécé,
Ses lourdes pierres désunies
Pourtant, malgré ses insomnies,
Il lutte toujours vaillamment,
Nous rejouant ses symphonies,
Admirez le vieux monument.

Princes perdus dans vos manies,
Voyez le superbe élément.
Laissant un temps vos zizanies,
Admirez le vieux monument.

BALLADE D'UN MONDE FOU

Je vois avec une terreur profonde
Un univers courant dessus l'écran.
Pas de souci que quelqu'un le confonde
Avec le bleu, le rose d'un roman.
De l'action pour crever le tympan,
Des coups, des cris, pour le temps du loisir !
Le monde est fou, mais pourtant quel plaisir !

La terre aussi fait sa sinistre ronde ;
D'horribles sons crèvent chaque tympan.
Le ciel est noir et la folie inonde
Des jours de feu et des bruits d'ouragan.
L'humanité voit son triste bilan
Face à ces peurs qui viennent nous saisir.
Le monde est fou, mais pourtant quel plaisir !

Les éléments, sur notre mappemonde,
Font un enfer avec le lourd volcan
Et le typhon dont la fureur inonde
Tant de pays comme un vil océan.
La terre meurt, hélas, d'un triste élan.
On dit alors avant que de moisir :
Le monde est fou mais pourtant quel plaisir !

BALLADE D'UN TEMPS PAS TRÈS LOINTAIN

On se souvient de vieux mois en allés
Lorsque la haine entourait notre terre.
Un monde fou montrait ses défilés,
Le genre humain au violent mystère,
Cet aspect qui trop souvent nous atterre.
La guerre alors nous atteint, nous malmène,
Avec le mal qui souvent nous gangrène.
Dans une nuit absurde ou le matin,
La vie était en lutte avec la peine,
Souvenez-vous d'un temps pas très lointain.

Les ennemis aux étranges parlers,
Ceux de chez nous chez qui le mal se terre,
S'étaient fondus, leurs fusils emmêlés,
Pour démolir un peuple réfractaire
Mais le pays n'a pas voulu se taire
Face à l'horreur, la folie inhumaine,
Dans la cité, la montagne ou la plaine.
Des gens debout ont bravé le destin
Avec courage, un peu comme une chaine,
Souvenez-vous d'un temps pas très lointain.

Les monstres noirs se sont tous écroulés
Sous les assauts d'un monde volontaire.
D'autres pourtant se sont dissimulés
Sous les habits d'une paix salutaire.

Le vil poison refait son inventaire.
Qui pourrait dire en quels lieux il nous mène,
Vers quel malheur, vers quelle autre déveine.
Voici soudain qu'un nouveau bulletin
S'affiche avec son grand panier de haine.
Souvenez-vous d'un temps pas très lointain.

BALLADE D'UNE ÉPOQUE BARBARE

Le ciel a mis ses couleurs de galère
Pour célébrer tant de monstres nouveaux
Et, chaque jour, la fureur s'accélère
En conduisant ses funestes travaux.
Il pleut du mal dessus les caniveaux.
Le vaste monde appelle ses démons
Au son aigu de sinistres chansons
Qu'un diable noir avec ferveur compare.
Le ciel est sombre à tous les horizons,
Voyez venir une époque barbare.

La rue en feu démontre sa colère
Avec ses cris et ses nombreux fléaux.
De vils passants à l'air patibulaire
Sèment la peur dans les cœurs, les cerveaux.
Les jours sont ceux des vieux temps féodaux.
Les longs poignards, les fusils, les canons,
Se font la main pour de tristes moissons.
On dirait qu'un vieux démon s'accapare
Les anciens maux et les futurs poisons,
Voyez venir une époque barbare.

Même voilà que l'univers scolaire
Sort ses fusils et ses propres couteaux.
La haine obtuse à présent ne tolère
Que sa bannière et ses propres drapeaux
Et la voici dans ses rites brutaux.

Le bleu d'en-haut fait place à des saisons
Où le bonheur sombre dans ses tréfonds.
Très sûrement, un enfer se prépare
Dans une odeur aux tons nauséabonds,
Voyez venir une époque barbare.

BALLADE POUR DE LONGS VOYAGES

Les trains sont là tout prêts pour le départ,
Debout, heureux dans cette immense gare
Et leurs wagons font comme un long rempart
En attendant l'assaut qui se prépare,
Tout doucement sans bruit et sans fanfare.
Sous le soleil ou les froids hivernaux,
On voit courir de nombreux chemineaux
Et tous ces gens où se mêlent les âges,
Les veille-tard et les très matinaux,
Partons au loin pour de très longs voyages.

De lourds bateaux se tiennent à l'écart,
Silencieux, prêts à larguer l'amarre
Pour s'en aller très bientôt, sans retard,
En empruntant l'océan qui démarre.
On voit d'ci l'eau verte qui se pare
De longs éclats aux airs originaux.
Des paquebots aux milliers de tonneaux
Vous aideront à lire d'autres pages,
Des bords de mer aux courants infernaux,
Partons au loin pour de très longs voyages.

Des avions voudraient aussi leur part
De ces cieux bleus où l'horizon s'amarre,
Affrontant seuls l'immense boulevard
Où l'être humain se sent soudain bizarre.
L'avenir chante avec ce monde rare,

Cet univers que montrent les journaux
Où pour l'instant volent quelques moineaux.
Préparons-nous pour de belles images,
Tout comme autant de superbes panneaux,
Partons au loin pour de très longs voyages.

Princes, courant les bijoux, les anneaux,
Vous qui rêvez de courir les canaux
Avec des chars ou même des traineaux,
Bien préparés avec ou sans bagages,
Empruntons tous de superbes créneaux,
Partons au loin pour de très longs voyages.

RÉCAPITULATIF DES POÈMES

Ballade avant la fin du monde	P11
Ballade de ceux qui font le pont	P13
Ballade de la douce automobile	P14
Ballade de la fête foraine	P15
Ballade de la grande surface	P17
Ballade de la Révolution	P18
Ballade de la Saint-Valentin	P20
Ballade de la saison folle	P21
Ballade de la vie estivale	P22
Ballade de la vie artificielle	P24
Ballade de l'avenir à méditer	P26
Ballade de l'éternel changement	P27
Ballade des lointains chemins	P28
Ballade des appareils nouveaux	P29
Ballade des chansons d'antan	P31
Ballade des chansons internationales	P32
Ballade des chansons qu'on fredonne	P33
Ballade des craintes éternelles	P35
Ballade des éternels joueurs	P37
Ballade des étranges récits	P38
Ballade des faiseurs de discours	P40
Ballade des Français dans la rue	P41
Ballade des frères ennemis	P42
Ballade des gens abandonnés	P43
Ballade des gens dans la rue	P45
Ballade des hommes dans l'espace	P46
Ballade des joyeux concerts	P47
Ballade des médicaments	P48
Ballade des missiles sans nom	P49
Ballade des nombreuses nouvelles	P51
Ballade des robots qui commandent	P52

Ballade des vieilles maisons	P54
Ballade du bistrot le dimanche	P55
Ballade du cours des saisons	P57
Ballade du défilé	P59
Ballade du facteur	P60
Ballade du glacier qui fond	P61
Ballade du langage nouveau	P62
Ballade du mouchard caché	P64
Ballade du nouveau jouet	P65
Ballade du numérique	P66
Ballade du premier jour d'école	P67
Ballade du procédurier	P68
Ballade du scandale qui nait	P69
Ballade du trafic en ville	P71
Ballade du vieux monument	P72
Ballade d'un monde fou	P73
Ballade d'un temps pas très lointain	P74
Ballade d'une époque barbare	P76
Ballade pour de lointains voyages	P78

Imprimé en France par Lulu.com
Dépôt légal : mai 2019

www.ingramcontent.com/pod-product-compliance
Lightning Source LLC
Chambersburg PA
CBHW071329040426
42444CB00009B/2115